AF196553

Rafik Schami · Ole Könnecke

Wie ich Papa die Angst vor Fremden nahm

Rafik Schami · Ole Könnecke

Wie ich Papa die Angst vor Fremden nahm

Carl Hanser Verlag

8. Auflage 2019

ISBN 978-3-446-20331-0
© 2003 Carl Hanser Verlag GmbH & Co. KG, München
Satz im Verlag
Druck und Bindung: TBB, a.s., Banská Bystrika
Printed in Slovak Republik

Ich erzähle euch jetzt was,
das werdet ihr nicht glauben.

Mein Papa war schon immer groß …

und stark …

und klug …

und geduldig …   lustig …

und tapfer. Seit Mama nicht mehr da ist,
tut er alles für mich.

Und er kann sogar zaubern!

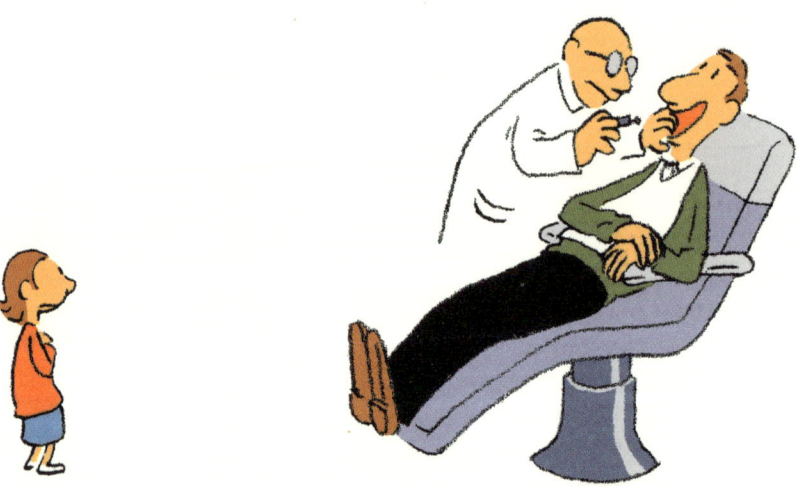

Er war auch immer schon mutig.

Nur vor Fremden hatte er Angst, vor allem vor schwarzen.
Er sprach nicht darüber, aber ich habe es genau gemerkt. Immer
wenn uns ein Schwarzer auf der Straße begegnete, wurde die
Hand meines Papas hart und drückte zu wie ein Nussknacker.
Und einmal, im Aufzug, begann er zu schwitzen, als ein großer
Afrikaner einstieg. Das hat mich gewundert bei meinem Papa.
»Warum?«, fragte ich ihn.
»Weil sie mir unheimlich sind.«

»Und warum sind sie dir unheimlich?«
»Weil sie so viele sind«, antwortete er.
»Sie sind überall …

Und sie sind schmutzig …   und laut …

Sie sprechen Sprachen,
die man nicht versteht …

und sehen anders aus,
so grob …

Überhaupt sind Schwarze
zu dunkel. Jeder fürchtet
sich vor dem Dunklen,
weil es unheimlich ist.«
So hat es mir mein Papa
erklärt.
Ich sagte nichts.

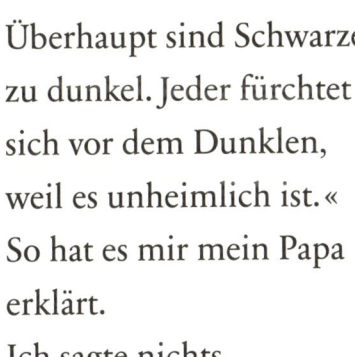

Meine beste Freundin heißt Banja. Sie kommt aus Tansania.
Wir haben immer bei ihr gespielt, aber ich hätte sie gerne
einmal zu uns eingeladen. Ich wollte nur Papa keine Angst
machen.

Es war Montag, als mich Banja zu ihrem Geburtstag eingeladen hat. Ich war die Einzige aus der Klasse, weil noch
viele Verwandte mit ihren Kindern kommen wollten und ihre
Wohnung nicht so groß ist. Das Fest sollte am Samstag sein.

Ich war gücklich und ein wenig stolz, dass sich Banja für mich entschieden hatte. Und weil ich wusste, dass sie nichts auf der Welt mehr liebt als Zauberer, sagte ich, dass ich ein kleines Geschenk und eine große Überraschung mitbringen würde. Mehr wollte ich nicht verraten, aber sie fragte und fragte und ließ einfach nicht locker. Da erzählte ich ihr, dass ich meinen Papa bitten wollte, an ihrem Geburtstag für sie zu zaubern.

Natürlich habe ich Banja nicht verraten, dass mein Papa Angst vor Schwarzen hat.

Das kleine Geschenk hatte ich schnell gefunden. Es war die neue CD ihres Lieblingssängers.

Am Montag war ich zu Hause brav wie ein Engel.
Aber Papa fiel das gar nicht auf.

Am Dienstag war ich ungewöhnlich lieb zu ihm und erfüllte
ihm mehrere Wünsche.

Am Mittwoch kochte ich ihm sein Lieblingsessen:
Spiegelei mit Bratkartoffeln.

Als er nach einem endlos langen Telefongespräch in die Küche
kam, wunderte er sich über den gedeckten Tisch. Er schaute mich
gerührt an. »Und die Hausaufgaben?«, fragte er. Ich hörte genau
sein schlechtes Gewissen, weil er an dem Tag kein bisschen Zeit
für mich gehabt hatte.
»Natürlich, Papa!«, sagte ich und zeigte ihm meine Hefte.
Ich hatte besonders schön geschrieben, weil ich wusste, dass Papa
gern Ordnung in meinen Schulheften hätte. Jedes Mal, wenn er
sie anschaut, seufzt er: »Ordnung in den Heften ist Ordnung im
Kopf.« Obwohl ich den Spruch schon auswendig konnte, wurde
meine Schrift davon schöner. Nur an dem Mittwoch. Ich hatte
mir auch besonders viel Mühe gegeben.
»Alle Achtung«, sagte Papa und nickte zufrieden. »Dafür darfst
du dir auch was wünschen.«

Darauf hatte ich die ganze Zeit gewartet. Ich kenne nämlich
meinen Papa. Wenn er etwas verspricht, dann hält er es
auch, egal, was kommt. Noch nie hat er ein gegebenes Wort
gebrochen.

»Ich wünsche mir, dass du am Samstag für meine Freundin
zauberst«, sprudelte ich los. »Sie hat Geburtstag und sie liebt
Zauberer über alles. Ich hab sie sehr gern.«

Mein Vater war überrascht, denn ich hatte ihm von dem
Geburtstag ja noch nichts erzählt. Aber dann wollte er nur die
genaue Uhrzeit wissen und trug sie in seinen Kalender ein.
Dabei sagte er leise: »Gern, das mache ich wirklich gern.«
Zum Glück fragte er mich nicht über Banja aus.

Wir ahnten beide nicht, welche Überraschung uns am
Samstag erwartete.

Als Banja nämlich ihrer Mutter von meinem Vater erzählte,
übertrieb sie ein bisschen.

Sie erzählte, mein Papa
sei ein sehr großer Mann,
unglaublich stark …

und berühmt für seine Klugheit.

Ganz allein sorge er für ein Haus voll Waisen- und Findelkinder.

Er sei so mutig, dass er mit Löwen spiele.

Und noch dazu sei er der beste Zauberer im Land!

Das war aber noch nichts, verglichen mit dem,
was Banjas besorgte Mutter am Abend ihrem Mann
erzählte.
»Banja hat mit ihrer Freundin auch den Vater
eingeladen«, sagte sie und machte eine kleine Pause.
»Schön, dann freuen wir uns über einen Gast mehr«,
sagte der Vater ruhig.

»Ja, aber es ist kein gewöhnlicher Vater«, sagte Banjas Mutter.
»Er ist groß wie eine Palme und hat Riesenkräfte. Einmal hat er mit
bloßen Händen einen Bus gestoppt, der fast drei Waisenkinder und
eine alte Frau überfahren hätte …

Er ist so klug, dass Könige und Präsidenten ihn um Rat
bitten …

und dabei so lustig, dass sogar Geister und Engel umfallen,
wenn er einen Witz erzählt.

Sein Mut ist in der ganzen Stadt bekannt. Einmal hat er aus dem Zoo entlaufene Löwen eingefangen, als wären es Miezekatzen. Und jetzt kommt das Schönste«, sagte Banjas Mutter, als wäre das alles noch gar nichts gewesen.

»Wie? Kann dieser Mann noch mehr?«, fragte der Vater mit trockener Zunge.

»Es hat mich auch gewundert. Aber er ist auch noch der größte Zauberer und Medizinmann seines Volkes.«

»Meine Güte, und so ein Mann will uns die Ehre geben! Rebecca, mein Täubchen, wir müssen ihn gebührend empfangen«, sagte Banjas Vater.
Lange saßen die beiden an diesem Abend zusammen und berieten.

Am Samstag blieb mein Papa länger im Bad als sonst.

Er zog seinen Zauberanzug an und band sich seine schönste
Krawatte um.

Er packte seinen Zauberkoffer zweimal aus und wieder ein.
Dann konnten wir endlich los.

Als wir bei Banja klingelten, hörten wir drinnen schon
fröhlichen Lärm. Dann wurde es auf einmal still. Und
plötzlich erklang laute, feurige Musik. Die Tür ging auf …

… und schwarze Menschen stürmten uns tanzend, musizierend und lachen entgegen. Sie trugen bunte Gewänder und funkelnden Schmuck, einige auch Messer, Speere oder Pfeil und Bogen, manche schlugen Trommeln, andere spielten auf Flöten und Trompeten.

Ich spürte, dass Papa weglaufen wollte, aber ich hielt ihn fest. Ich hatte keine Angst, weil ich ja sah, dass alle lachten. Sie wollten uns zeigen, wie sehr sie uns mochten, und das sah man auch. Papa war trotzdem ganz weiß im Gesicht.

»Hab keine Angst, ich bin bei dir«, flüsterte ich ihm ins Ohr und er nickte.

Ein Mädchen kam mit einem Tablett voller Gläser mit bunten Getränken.

»Exzellenz, das ist ein Trunk der Freundschaft!«, rief Banjas
Vater aus. Aber Papa brachte kein Wort heraus. Er trank ganz
vorsichtig und ich nahm auch ein Glas. Das Getränk war grün,
sehr süß und schmeckte lecker.

Umsäumt von all den Tänzern, Musikern und Kriegern
schritten Banjas Eltern – würdevoll, ja beinahe königlich.
Banja ging vor ihnen her.
Dann wurden wir feierlich in die Wohnung geleitet.

Wir durften auf dem Sofa sitzen und alle standen im Halbkreis um uns herum. Papa drückte meine Hand. Ich glaube, er fürchtete sich immer noch.

»Wie groß und doch schüchtern, wie mächtig und dabei so freundlich«, sagte Banjas Vater. »Mit einem Wort: ein Mann mit einem weisen Herzen! Ich hoffe, wir konnten Ihnen mit dem Empfang in unserer bescheidenen Behausung eine kleine Freude machen.«

Papa brachte immer noch kein Wort heraus. Aber wenigstens nickte er dreimal lächelnd – genauso oft, wie ich seine Hand drückte.

Ich musste ihm noch den Rest von seiner Angst nehmen.

Und ich wusste auch schon, wie.

Ich stand auf und sagte feierlich: »Liebe Banja, mein Papa wird jetzt speziell für dich seinen Lieblingszaubertrick vorführen. Schon als Kind hat er damit einen echten Räuber so durcheinandergebracht, dass er glatt vergessen hat, ihn zu überfallen. Das ist eine wirklich wahre Geschichte!«

Ich wusste, mit der Geschichte begann der Zaubertrick, den Papa am liebsten vorführte. Er klappte immer, sogar wenn mein Vater traurig, müde oder hungrig war. Ich schaute ihn an und er lächelte mir glücklich zu.
»Bravo!«, riefen alle in der Runde. Dann wurde es mucksmäuschenstill.

Wie Kinder schauten alle auf meinen Papa. Er stand
lächelnd auf, streichelte mir den Kopf und breitete seine
Zaubersachen auf einem kleinen runden Tischchen aus.
Dann begann er zu erzählen …

Ich aber wusste, dass mein Papa nie mehr Angst vor
Fremden haben würde.